MÉTHODES INSTRUMENTALES

traduit de l'anglais par Cédric Barth

T0210392

INTRODUCTION

Vous avez acheté une guitare... et maintenant ?

Toutes nos félicitations ! Vous avez fière allure derrière ce clavier, face au miroir, faisant du play-back sur la radio sans même avoir branché l'instrument. Mais vos amis et votre famille ne seraient-ils pas plus impressionnés si vous étiez capable d'en jouer ?

En quelques semaines, vous allez aussi bien jouer des airs très connus qu'expérimenter des techniques et des accords. D'ici la fin de la méthode, vous serez à même d'aborder les tubes des plus grands – les Beatles, Clapton, Hendrix et beaucoup d'autres.

Il y a trois règles d'or à respecter : être **patient**, vous **exercer**, trouver votre **rythme**.

N'ayez pas les yeux plus gros que le ventre et ne sautez pas les étapes. Si vos mains commencent à vous faire mal, faites autre chose pour le reste de la journée. Si vous sentez venir la frustration, mettez la méthode de côté et revenez-y plus tard. Si vous oubliez quelque chose, revenez en arrière et apprenez-le à nouveau. Si vous vous faites plaisir, oubliez le dîner et continuez de jouer. Le plus important est de vous amuser !

À PROPOS DU AUDIO

Nous sommes heureux que vous ayez remarqué le bonus qui accompagne cette méthode – pistes audio ! Tous les exemples musicaux du livre se retrouvent sur le audio pour que vous puissiez les écouter et vous en servir comme accompagnement quand vous serez prêt. Ecoutez le audio chaque fois qu'apparaît le symbole : ❶

Chaque exemple du audio est précédé d'une série de clicks qui indique le tempo et la mesure. De nombreux sons de clavier ont été utilisés pour créer et mettre en valeur le audio.

Sélectionnez le haut-parleur de droite sur votre chaîne stéréo pour écouter plus particulièrement la partie de guitare ; sélectionnez le haut-parleur de gauche pour écouter seulement l'accompagnement. Quand vous serez plus sûr de vous, essayez de jouer la partie de guitare avec le reste du groupe (l'accompagnement).

Pour y accéder, utilisez l'adresse suivante:
www.halleonard.com/mylibrary

Enter Code
6131-1613-3465-9475

ISBN: 978-90-431-0349-7

7777 W. BLUEMOUND RD. P.O. BOX 13819 MILWAUKEE, WI 53213

PAR OÙ COMMENCER ?

Assis ou debout... à vous de choisir !

La position la plus confortable et la moins fatigante pour apprendre à jouer du clavier est sans doute la position assise. Veillez cependant à ce que le clavier ne soit pas trop haut si vous ne voulez pas avoir mal aux bras.

Dans beaucoup de groupes, le clavier joue debout (bien qu'il coure rarement sur scène). Si vous choisissez d'être debout, veillez à ce que le clavier ne soit pas trop bas.

Gardez les doigts pliés et souples...

Numérotez vos doigts de 1 à 5 en partant du pouce.

Veillez à garder vos doigts légèrement repliés de façon à former une voûte. Vous pouvez ainsi jouer beaucoup plus vite et avec plus de précision qu'en gardant vos doigts à plat.

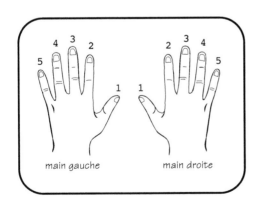 

Les touches

Votre clavier (comme tous les autres) est composé de groupes de touches **noires** et **blanches**. Les touches noires sont regroupées par deux ou par trois :

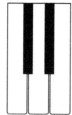 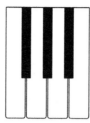

A quelles notes correspondent les touches ?

Chaque touche blanche d'un groupe a son propre nom :

 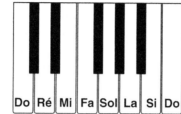

Trouvez-les rapidement !

Pour localiser rapidement une touche blanche, rappelez-vous ces trois règles simples :

 Les touches suivent toujours le même ordre : DO-RÉ-MI-FA-SOL-LA-SI-DO (etc.)

 Le DO est toujours situé avant un groupe de deux touches noires :

 Le FA est toujours situé avant un groupe de trois touches noires :

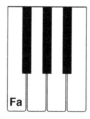

 " Les touches noires ne sont-elles que des repères ? "
Non. Ce sont des notes appelées " dièses " et " bémols " que vous allez
apprendre plus loin. (Mais ne brûlez pas les étapes !)

CORNEZ CES DEUX PAGES

(... vous les consulterez plus d'une fois)

La musique est un langage avec des symboles, une structure, des règles (et des exceptions à ces règles) qui lui sont propres. Lire, écrire et jouer de la musique requiert une bonne connaissance de ces symboles et de ces règles. Commençons par les notions de base...

Les notes

La musique s'écrit à l'aide de pattes de mouche que l'on appelle des **notes**. Les notes sont de formes et de tailles différentes. Une note a deux caractéristiques essentielles : sa **hauteur** (indiquée par sa position) et sa **valeur rythmique** (indiquée par les symboles suivants) :

ronde	blanche	noire

La valeur rythmique renseigne sur le nombre de temps que doit durer la note. En général, une noire est égale à un temps. Ensuite, ça ressemble à des fractions (nous non plus, on n'aime pas les maths !) :

deux blanches sont égales à une ronde   deux noires sont égales à une blanche

quatre noires sont égales à une ronde

La portée

Les notes sont placées sur ou juste à côté d'une **portée** qui est composée de cinq lignes parallèles et de quatre interlignes. Chaque ligne et interligne représente une hauteur de son différente.

Les lignes supplémentaires

Comme toutes les notes ne peuvent pas figurer sur juste cinq lignes et quatre interlignes, on utilise des **lignes supplémentaires** au-dessus et au-dessous pour étendre la portée aux sons aigus et graves.

La clé du succès...

La **clé** est un symbole qui permet de déterminer la hauteur des notes sur la portée.
Il existe plusieurs clés, mais il n'y en a qu'une qui nous intéresse pour l'instant :

Clé de Sol

Une clé de Sol en début de portée donne aux lignes et interlignes les hauteurs de son suivantes :

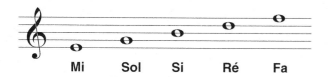 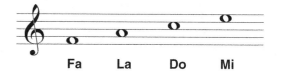

Les barres de mesure

Les notes sur la portée sont regroupées en mesures à l'aide de **barres de mesure** afin de vous aider à vous repérer dans la chanson. (Imaginez-vous en train de lire un livre sans aucun point, virgule ou lettre majuscule !)

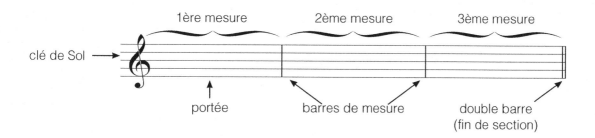

Le chiffrage des mesures

La mesure est déterminée par une **fraction**. Le chiffre du haut indique le nombre de temps que contient chaque mesure ; le chiffre du bas donne l'unité de temps en fraction de ronde.

quatre temps par mesure
un quart de ronde (1/4),
c'est-à-dire une noire = un temps

trois temps par mesure
un quart de ronde (1/4),
c'est-à-dire une noire = un temps

Soufflez un peu, relisez cette section avant de passer à la suite. (Faites-nous confiance – au fil des chapitres, vous allez y voir de plus en plus clair.)

LEÇON 1

Ne restez pas là les mains dans les poches, jouez quelque chose !

Le synthé est allumé. On est décontracté. On est confortable. Et on ne demande qu'à jouer. Alors passons aux choses sérieuses...

Position de Do : la Main Droite

Sur votre clavier, cherchez le Do qui est le plus près du milieu – c'est le " Do médium ". Placez le pouce de votre main droite sur le Do médium et vos autres doigts sur les quatre notes qui suivent :

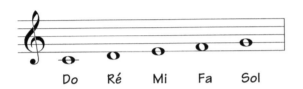

Voici quelques chansons pour vous familiariser avec ces notes (n'hésitez pas à revenir aux pages 4 et 5 si vous éprouvez le besoin de revoir les notions de note et de rythme) :

❷ Frère Jacques Rock

❸ Hymne à la Joie Rock

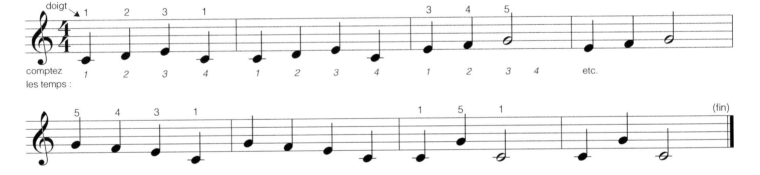

Cinq notes et deux chansons en moins de cinq minutes – pas mal, hein ? Exercez-vous à jouer ces notes avec d'autres airs sur la page qui suit...

4 Trouve-moi le Roadie*

Trouve - moi le road - ie. Trouve - moi le road - ie.

Trouve - moi le road - ie, mon syn - thé va tom - ber.

*Technicien de scène

5 Vive le Rock d'Hiver

Veillez à ce que vos doigts restent pliés et souples !

6 Tisket, Tasket

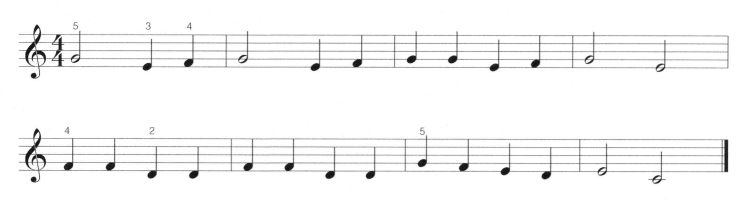

Reprenez ces airs plusieurs fois de suite, en les jouant à chaque fois un peu plus vite.

QUELQUES NOTES SUR LA MUSIQUE

(... veuillez pardonner le jeu de mots !)

Les silences

Un **silence** en musique indique un moment non joué. Comme les notes, les silences ont leur propre valeur rythmique qui indique combien de temps il faut se taire :

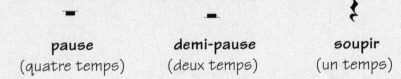

pause
(quatre temps)

demi-pause
(deux temps)

soupir
(un temps)

Essayez...

Dans l'exemple en 4/4 qui suit, vous allez jouer Sol, Sol, silence, Sol, silence, silence, silence, silence, Sol, Sol, silence, silence, Sol, silence, silence, Sol :

❼ Soufflez Un Peu

comptez à
voix haute : 1   2   (3)   4   (1   2   3   4)   1   2   (3   4)   1   (2   3)   4

IMPORTANT : Un silence ne signifie pas se croiser les bras ou se reposer les doigts ! Un silence doit être mis à profit pour lire la suite de la partition et préparer ses doigts pour la prochaine série de notes.

❽ Rock, Roll, Repos

L'anacrouse

Au lieu de débuter une chanson par des silences, on peut utiliser une anacrouse. Une **anacrouse** permet simplement d'omettre les silences. Ainsi, si une anacrouse n'a qu'un temps, vous comptez " 1, 2, 3 " et commencez à jouer sur le quatrième temps :

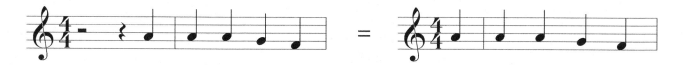

Essayez ces chansons avec des anacrouses :

⑨ When The Saints Go Marching In

REMARQUE : La dernière mesure contient les temps manquant à l'anacrouse.

⑩ Anacrouse et Shuffle

Bravo ! Exercez-vous encore avec les chansons de la Leçon 1. Lorsque vous serez prêt (et après un détour par le réfrigérateur), passez à la Leçon 2.

LEÇON 2
Pas de La sans lever le petit doigt...

Comme on se retrouve ! Vous avez maintenant appris cinq notes, quelques chansons et quand il faut vous taire. Mais on est vite limité dans un répertoire si on ne connaît que Do, Ré, Mi, Fa, Sol. Apprenons donc deux nouvelles notes...

Le Pouce et le Petit Doigt : le Si et le La

Avec votre main en position de Do, déplacez le pouce d'une touche vers le bas pour jouer un Si. Essayez maintenant d'étendre votre petit doigt à la touche supérieure pour jouer un La.

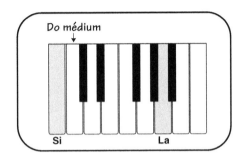

Essayez de jouer ces deux notes dans les deux chansons ci-dessous :

⑪ Rock pour ma Fiancée

Remarquez l'anacrouse...

⑫ Oh, Susannah

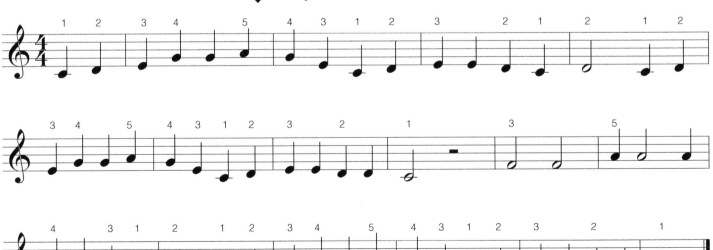

Quand vous vous exercez, jouez toujours lentement les premières fois. Accélérez le tempo une fois que vous commencez à maîtriser les notes.

🔸13 Danny Boy

RAPPEL : La prochaine chanson est en 3/4. Elle a donc trois temps (noires) par mesure. (Pour une révision rapide des mesures, retournez à la page 5.)

🔶14 Chiapanecas

☞ HÉ, C'EST ICI QUE ÇA SE PASSE ! Regardez la partition, pas vos doigts ! (Votre cerveau a suffisamment à faire – n'essayez pas en plus d'apprendre les airs par cœur !)

QUESTION DE RYTHME

Une liaison qui dure !

Une **liaison** relie deux notes (sans contrat de mariage !) et indique qu'il faut tenir la première note jusqu'à la fin de la note liée :

compter : 1   2   3   4   1   2   3   4   1   2   3   4   1   2   3   (4)

tenir la note   tenir la note   tenir la note

Comptez toujours à haute voix jusqu'à ce que vous ressentiez le rythme.

15 Kum-bah-yah

Kum - bah - yah Sei - gneur,_____ Kum - bah - yah,_____

_____ Kum - bah - yah Sei - gneur,_____ Kum - bah - yah,_____

Kum - bah - yah Sei - gneur,_____ Kum - bah - yah,_____

_____ oh,   Sei - gneur _____ Kum - bah - yah._____

Le point

Une autre manière de prolonger la valeur d'une note est d'utiliser un **point**. Le point prolonge la note de la moitié de sa valeur. La note pointée la plus commune est la blanche pointée :

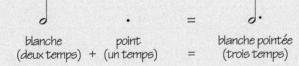

blanche   point   =   blanche pointée
(deux temps) + (un temps)   =   (trois temps)

Vous allez rencontrer des blanches pointées dans beaucoup de chansons, surtout dans celles qui utilisent la mesure à 3/4.

compter : 1   2   3   1   2   3   1   2   3   1   2   3

Passons à la pratique...

Essayez de jouer ces mélodies avec les liaisons et les points.

◆ 16 Fou à Lier

◆ 17 Mon Synthé

Mon syn - thé a des touches noires et

blanches. Mon syn - thé a un su - per son. ____

____ J'ap - prends à en jou - er, sois pa - tient.

Et bien - tôt je se - rai une star. ____

☞ *C'est le moment de faire une pause, d'aller vous acheter un cornet de glace par exemple.
Quand vous vous remettrez au travail, reprenez les chansons, puis passez à la Leçon 3.*

LEÇON 3
Deux mains valent mieux qu'une...

Incroyable – sept notes, les silences, les liaisons, les points et quelques chansons ! " Mais ne devrait-on pas jouer avec les deux mains ? " Vous êtes en avance sur nous...

Position de Do : la Main Gauche

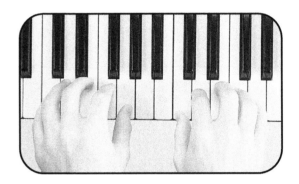

Trouvez le Do immédiatement inférieur au Do médium et posez le petit doigt de votre main gauche sur cette touche. Les quatre doigts qui suivent reposent respectivement sur les quatre touches immédiatement supérieures, comme le montre la photo :

REMARQUE : Tout comme avec la main droite, tendez pouce et petit doigt pour jouer le La et le Si avec la main gauche.

Une à la fois...

La main gauche peut fournir **l'harmonie** en jouant et en tenant des notes pendant que la main droite joue la mélodie. Dans les chansons qui suivent, les noms des notes à jouer (et à tenir) avec la main gauche sont inscrits au-dessus de la portée :

⓲ Échauffement Harmonique

Ajoutons maintenant une harmonie à quelques airs célèbres...

⓳ Aura Lee

Les **signes de reprise** ont deux points avant ou après une double barre (|: :|).
Ils signifient simplement (vous l'aviez deviné !) qu'il faut répéter tout ce qui se trouve entre
les deux. Un signe de reprise unique situé à la fin indique qu'il faut répéter depuis le début.

20 Marianne

La prochaine chanson a une **1ère** et une **2ème fin** (indiquées par des crochets et les chiffres
" 1 " et " 2 "). Jouez le morceau une fois jusqu'au signe de reprise (1ère fin), puis répétez à
partir de la deuxième mesure. A la deuxième lecture, sautez la 1ère fin pour jouer la 2ème
(dernière) fin...

21 Michael, fais Danser les Fans

CONSEIL : Anticipez dans la lecture des notes que vous jouez afin de préparer vos doigts
à jouer les notes qui suivent.

15

LEÇON 4
Lassé des solos ?

L'harmonie de notes simples que vous avez jouée de la main gauche est bien, mais que penseriez-vous d'un son plus riche ? Il est temps d'apprendre quelques **accords**.

Qu'est-ce qu'un accord ?

Un accord consiste à jouer trois notes ou plus simultanément. Ecoutez quelques exemples d'accord sur le audio (nous verrons la signification de ces lettres à la page suivante) :

22   C   G   F   Am   Em

Connaître les accords est essentiel car :

 Les accords fournissent l'harmonie pour la mélodie que vous (ou un autre membre du groupe) jouez.

 Si vous êtes trop paresseux (qui ne l'est pas ?) pour jouer un solo, jouez simplement les accords d'une chanson pendant que vous chantez la mélodie.

Trois accords majeurs...

Croyez-le ou non, vous êtes capable de jouer beaucoup d'accords avec les sept notes que vous connaissez déjà. Vous voulez des preuves ?

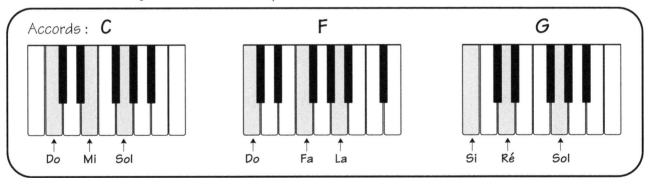

REMARQUE : Vous pouvez jouer ces accords d'une main ou de l'autre, en position de Do. (Prenez n'importe quel Do comme référence et construisez l'accord à partir de là.)

Mise en pratique...

Choisissez une main et exercez-vous à jouer ces nouveaux accords :

23   C – F – C – G   C – F – G – C   F – G – C

Changez maintenant de main et répétez l'exercice. Essayez ensuite avec les deux mains en même temps !

Nouvelle symbolique...

Désormais, au lieu d'être composée de notes simples, l'harmonie à jouer avec la main gauche sera composée d'accords construits sur ces notes (notes fondamentales des accords).

Les lettres qui figurent au-dessus de la portée (C, G, etc.) symbolisent donc des accords. Il s'agit d'une notation internationale dont voici la correspondance avec la notation française :

A=La B=Si C=Do D=Ré E=Mi F=Fa G=Sol

En utilisant ces symboles d'accord, jouez uniquement les accords de la chanson qui suit, tout en chantant la mélodie...

24 Mozart Rock

Reprenez maintenant la chanson en jouant la mélodie de la main droite et les accords de la gauche.

25 Boogie d'Accords

LECON 5
Les accords mineurs

Ils n'étaient finalement pas si durs ces accords majeurs, hein ? Que penseriez-vous d'apprendre trois **accords mineurs** ?

Les Accords Em, Am et Dm

Le suffixe d'un accord indique quel type d'accord vous devez jouer. (Les accords majeurs n'ont pas de suffixe, seulement la lettre majuscule.) On fait suivre la lettre majuscule du suffixe " m " pour signifier un accord mineur.

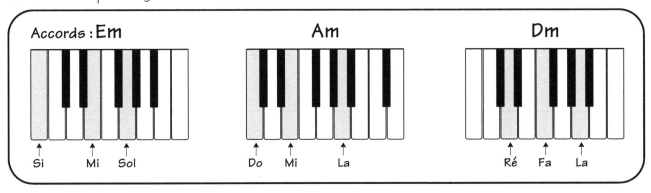

Mise en pratique...

 Jouez vos nouveaux accords, d'abord de la main gauche, puis de la droite, et enfin des deux mains :

Em – Am – Dm – Em   Dm – Am – Em   Dm – Em – Am

 Alternez maintenant accords majeurs et mineurs :

C – F – Dm   Am – Em – G   Am – F – Dm – Em – C

Une question mineure...
Comme vous pouvez le constater, un accord majeur n'est pas plus fort (ou plus important) qu'un accord mineur. Ce n'est qu'un nom. Alors en quoi sont-ils différents ? Jouez-les et écoutez-les encore une fois. VITE FAIT : les accords majeurs ont une sonorité joyeuse et les mineurs, une sonorité triste.

28 Minor Bird Blues

◆29 La Musique me rend Joyeux

Certains arrangements musicaux utilisent la **notation en slash**. Cela signifie simplement qu'il faut jouer l'accord chaque fois que vous voyez le symbole " **/** " .

◆30 Accords Rocks #1

◆31 Accords Rocks #2

Rejouez les deux " Accords Rocks " des deux mains en même temps !

GARDEZ LE RYTHME

Accrochez-vous !

Une **croche** s'écrit avec une sorte de fanion :

Deux croches sont égales à une noire (ou un temps). Pour faciliter la lecture,
les croches sont reliées entre elles par une **barre horizontale** :

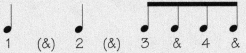

Pour compter les croches, divisez le rythme en deux et utilisez "et" entre les deux :

Entraînez-vous avec l'exercice qui suit. Commencez par compter à haute voix pendant
que vous tapez la mesure du pied ; jouez ensuite les notes tout en comptant et en tapant :

Qu'en est-il du silence ?

Le **demi-soupir** a la même valeur rythmique qu'une croche et suit les mêmes règles...
mais n'est pas joué. Comptez, tapez du pied, jouez et respectez les silences dans
l'exemple qui suit :

Essayez maintenant une chanson avec des croches. (N'arrêtez pas de taper du pied !)

32 Riff Rock

LEÇON 6

Faites trembler le Sol !

Nous avons besoin de notes plus aiguës, mais évitons d'écarteler vos mains. Changeons simplement de position...

Position de Sol

Placez votre pouce sur le Sol à droite du Do médium et posez les quatre autres doigts sur les touches La, Si, Do et Ré.

Sol   La   Si   Do   Ré

 CHANGER DE POSITION : pour passer d'une position de Do à une position de Sol, allez chercher la touche Sol avec votre pouce en le faisant passer sous votre main.

Dans cette mélodie, au moment où le doigt 4 joue le Fa, croisez votre pouce par en-dessous pour jouer le Sol. Continuez de jouer les notes plus aiguës avec votre main désormais en position de Sol :

33 Du Do au Sol

Pour revenir en position de Do, croisez le doigt 3 pour aller chercher le Mi et finir le morceau en position de Do :

34 Rock and Roll Your Boat

Ah ! Qu'est-ce qu'ils bougent vite ces doigts ! (Ah ! Qu'est-ce qu'ils peuvent s'emmêler ces doigts !) Entraînez-vous lentement.

Etendons notre palette de sons...

En position de Sol, le pouce descend sur le Fa ; le petit doigt monte sur le Mi.

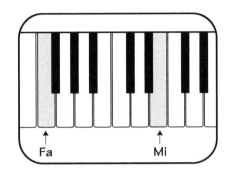

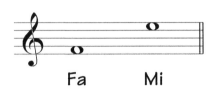

Essayez de jouer vos nouvelles notes avec cet air :

35 Exercice pour Fa et Mi

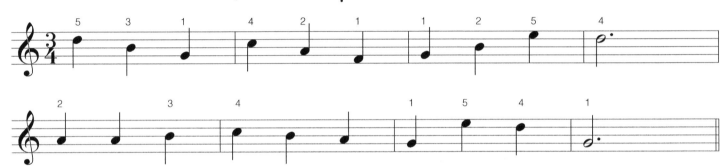

☞ NOUVEAU DOIGTE : Quand on change de position, il est parfois nécessaire de bouger toute la main (plutôt que de croiser les doigts). Dans le prochain air, déplacez votre main d'une position à l'autre selon les indications.

36 Bach Version Rock

Rejouez-le. Veillez à utiliser le doigté correct avec la main droite.

DES DIÈSES POUR LES BALÈZES !

La musique est faite de **tons** et de **demi-tons**. Sur un clavier, on passe d'une touche à une autre (qu'elle soit blanche ou noire) en montant ou en descendant d'un demi-ton.

Une note élevée d'un demi-ton s'appelle un **dièse** et ressemble à une grille de jeu de morpion : ♯

Une note abaissée d'un demi-ton s'appelle un **bémol** et ressemble à une note trouée vue dans un miroir : ♭

IMPORTANT : Dièses et bémols ne sont écrits qu'une fois par mesure pour une même note. C'est-à-dire que si un La a un bémol, alors tous les La de cette mesure sont des La bémols.

37 Hava Nagilah

REMARQUE : Pour jouer une touche noire, servez-vous du même doigt qui jouerait la touche blanche la plus proche. Par exemple, en position de Do, servez-vous du doigt 3 pour un Mi bémol, du doigt 4 pour un Fa dièse, et ainsi de suite...

38 Riff de Blues

" Alors ? Il n'y a pas de nouveaux accords ? " Il n'y a qu'à demander ! Tournez la page...

LEÇON 7
De plus en plus fort avec les accords...

Maintenant que vous connaissez les dièses et les bémols, nous allons pouvoir jouer de nouveaux accords...

RAPPEL : le bémol est la touche immédiatement à gauche, le dièse est la touche immédiatement à droite.

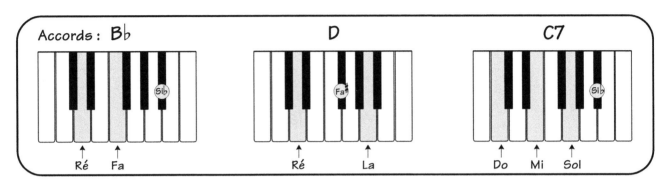

Comme précédemment, jouez vos nouveaux accords (en plus des anciens), tout d'abord de la main droite, puis de la gauche, et enfin des deux mains :

39   G – C – D   F – B♭ – C7   G – D – Em   F – C – C7

" C7 ? Mais il y a quatre notes ! "

C'est exact. Remarquez-vous une différence entre les accords C et C7 ? Le suffixe "7" veut dire que l'accord C de base a un petit plus (juste une quatrième note !) : un accord de 7ème crée une sorte de "tension" musicale qui pousse l'oreille à rechercher une forme de "soulagement".

Réécoutez les accords ci-dessus. Vos oreilles en redemandent ? Alors voici de la musique avec des accords de 7ème...

40 Bonne Nuit, Mes Fans

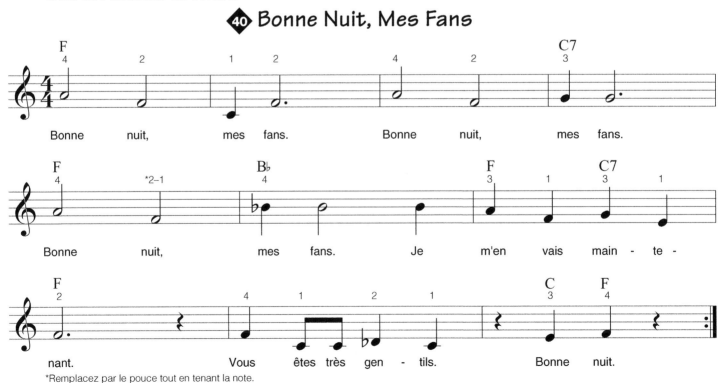

*Remplacez par le pouce tout en tenant la note.

41 ▸ Red River Rockin'

Sur scène vous êtes vrai - ment im - pres - sion - nants. J'aime - rais tant ê - tre vo - tre cla -

vier, mais j'ap - prends seu - le -ment à en jou - er, j'ai en - core be - soin de m'ex - cer - cer.

Les deux prochaines chansons ont une noire pointée qui compte pour un temps et demi :

noire   +   point   =   noire pointée
(1 temps)   (1/2 temps)   (1 1/2 temps)

Ecoutez les deux prochaines chansons sur le audio en tapant la mesure dans vos mains. Ressentez-vous le rythme de la noire pointée ? Essayez de la jouer...

42 ◆ Swingin' That Old Chariot

43 ◆ Le Blues de l'Homme Soucieux

Faut être un homme sou - cieux pour chan - ter ses sou - cis. Faut

être un homme sou - cieux pour chan - ter ses sou - cis. Faut

être un homme sou - cieux pour chan - ter ses sou - cis. Mais mes sou -

cis, c'est bien vite que j'les ou - blie. _____

Le 7ème art...

Pour construire un accord de 7ème, jouez simplement un accord majeur ou mineur et ajoutez une quatrième note qui se trouve un ton en dessous de la note donnant son nom à l'accord. (Retournez page 23 pour revoir les tons.)

A vous de jouer...

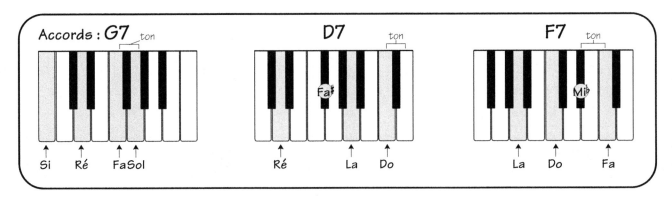

Essayons de jouer B♭7 :

Voici un air connu qui contient des accords de 7ème. Jouez-le d'abord tel quel. Essayez ensuite de remplacer tous les accords de 7ème. Quelle est la sonorité que vous préférez ?

44 Auld Lang Syne

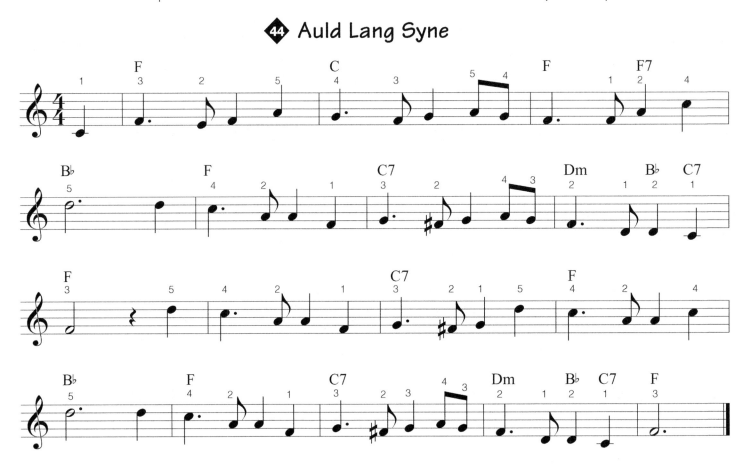

Rejouez-le, mais en essayant de **dérouler** les accords au lieu de les plaquer. C'est-à-dire ne jouez pas toutes les notes de l'accord simultanément, mais détachez-les, en commençant par la note la plus basse. Essayez également de dérouler l'accord du haut vers le bas...

Quelle belle progression...

En général, les accords s'enchaînent selon un modèle qu'on appelle une **progression d'accords**. Notez la manière dont les accords se suivent, "progressent", dans l'air connu qui suit :

45 Un Groupe de Rock

Mes co - pains et moi, on joue dans un grou - pe et pas n'im - porte le - quel.

Batte - rie, basse, gui - tare et cla - vier, non rien ne peut nous ar - rê - ter !

Un groupe de rock, un groupe de rock, on a for - mé un pe - tit groupe de rock.

Un groupe de rock, un groupe de rock, on a for - mé un pe - tit groupe de rock.

Le prochain exemple utilise une progression d'accords sur deux mesures commune à beaucoup de chansons Rock dont " Louie, Louie " et " Wild Thing ".

46 Cliché en Trois Accords

Voici une autre progression d'accords très Rock'n'Roll (histoire de se faire plaisir)...

47 Jam d'Accords

> ☞ ATTENTION : Si vous n'avez pas dormi depuis la page 1, aller plus loin pourrait mettre en péril la part d'amusement qu'il y a dans l'apprentissage du clavier. Prenez une longue pause et allez dormir !

LEÇON 8
Toujours plus haut...

Jusqu'à présent, les doigts 1 et 5 ne se sont pas aventurés plus loin que la touche supérieure ou inférieure. Alors faites craquer ces articulations et tenez-vous prêt.

Fa aigu

En position de Sol, tendez votre doigt 5 jusqu'au Fa :

Fa aigu

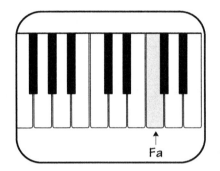

Fa

Félicitations ! Vous avez appris toutes les lignes et interlignes de la portée en clé de Sol. Essayons de jouer votre nouvelle note :

48 Le Blues de l'Homme Pressé

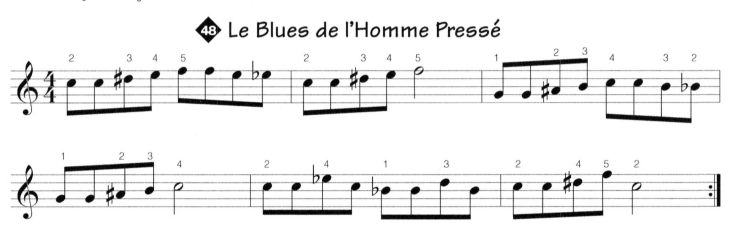

PAR CONVENTION : Au lieu d'écrire un signe pour chaque bémol et dièse rencontré dans une chanson (hé, c'est cher l'encre !), on utilise une **armature**, c'est-à-dire qu'on place le signe d'altération à la clé pour indiquer la tonalité générale d'un morceau. Un bémol en début de portée sur la ligne Si vous signifie de remplacer chaque Si du morceau par un Si bémol.

49 Rockin' on Old Smoky

Position de Fa aigu

Si vous allez rester dans les aigus, vous avez tout intérêt à changer de position plutôt que de tendre votre doigt. (Ceci vous permet également d'apprendre quelques notes supplémentaires !) Déplacez votre main vers la droite puis placez votre pouce sur le "Fa aigu" et les quatre autres doigts sur les Sol, La, Si et Do aigus :

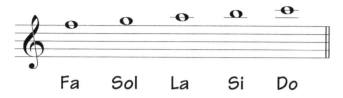

Fa   Sol   La   Si   Do

☞ NOUVELLE RÈGLE : Un **bécarre** (♮) annule un dièse ou un bémol, ramenant la note à sa hauteur "naturelle" (touche blanche), mais uniquement pour la mesure concernée.

50 La Bannière Etoilée

29

Pourquoi s'embêter à tendre le doigt ?

L'écart des doigts nécessaire à jouer un "Fa aigu" est un **intervalle** de septième. Un intervalle est la distance entre deux notes. Les intervalles existent dans toutes les tailles et permettent de construire accords et harmonies. Aidez-vous des lignes de la portée pour reconnaître un intervalle :

Tierces
une ligne (ou interligne) d'écart

Quartes
une ligne plus un interligne d'écart

Quintes
deux lignes (ou interlignes) d'écart

Essayez ce riff avec tierces, quartes et quintes...

⑤ Petit Pont

Plus l'intervalle est grand, plus les notes sont éloignées les unes des autres...

Sixtes

Septièmes

Et maintenant un riff avec quintes, sixtes et septièmes...

⑤ Grand Pont

La main droite peut ajouter des intervalles à la mélodie pour obtenir un son plus riche...

⑤ Intervalles de Blues

Et maintenant, écartons ce petit doigt au maximum...

LEÇON 9
D'un Do à l'autre...

Avec votre main droite en position de Do, écartez votre doigt 5 jusqu'au Do suivant (aïe !) :

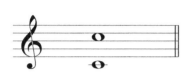

Cet intervalle est appelé une **octave**. Une octave signifie simplement un écart de huit notes, ou l'écart entre une note et la note supérieure (ou inférieure) **de même nom**.

Vous pouvez utiliser une quinte pour vous aider à atteindre une octave :

54 ◆ Also Sprach Rock

Essayez maintenant quelques intervalles d'octave. Exercez-vous progressivement...

55 ◆ Le Grand Ecart

Avec votre main gauche, jouez des octaves construites autour des notes suivantes :

Do   Do♯   Ré   Ré♯   Mi   Fa   Fa♯   Sol   Sol♯   La   La♯   Si   Do

Faites chauffer les basses !

Vous pouvez jouer vos octaves de la main gauche pour accompagner les accords de votre main droite. Jouez par exemple un accord de Sol avec la main droite pendant que vous jouez une octave de Sol avec la gauche.

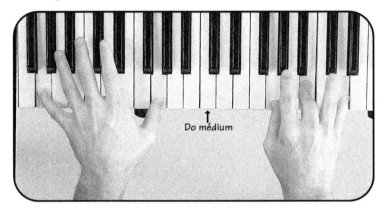

Do médium

Essayez – d'abord doucement :

56 Accords et Octaves #1

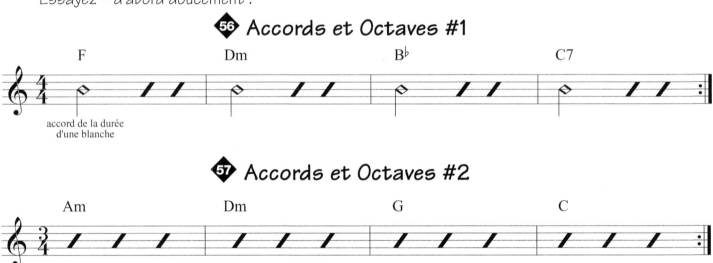

F   Dm   B♭   C7

accord de la durée
d'une blanche

57 Accords et Octaves #2

Am   Dm   G   C

Jouez cet air avec votre nouvel accompagnement d'octaves. Jouez les accords de la main droite, les octaves de la gauche et chantez la mélodie bien connue...

58 Le Chant de Guerre du Rock

C

F   C   Em   Am

Em   Am   Dm   G7   C

Les intervalles d'octave se retrouvent évidemment aussi dans la mélodie des chansons...

59 Run, Don't Walk

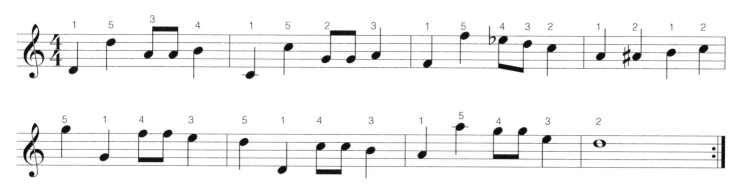

ATTENTION : Notez la nouvelle armature. Il y a un dièse sur la ligne du Fa. A moins que vous ne rencontriez un bécarre, jouez tous les Fa comme des Fa dièses.

60 Laisse-moi Monter sur Scène

Laisse - moi mon - ter sur scè - ne, seul face

à tous ces gens. _____ J'aime - rais tant leur jou - er

mes chan - sons. Tu n'le re - grette - ras pas, je vais

faire un ta - bac. J'ai juste en - vie de jouer,

rock, jazz, ou blues, peu im - porte. _____ A - lors s'il

te plaît lais - se - moi mon - ter sur cette scène.

Laissez vos mains se reposer un peu, puis reprenez ces chansons, avant que l'on aborde ensemble un nouveau style de jeu....

DEVELOPPEZ VOTRE STYLE...

Glissez !

Un effet intéressant au clavier est le **glissando**. Il consiste à faire glisser votre doigt d'une note à l'autre en le laissant "traîner" sur les touches intermédiaires.

A

B

Retournez votre main et laissez traîner votre index en "montant" les touches.

Soulevez vos doigts et laissez traîner votre pouce en "descendant" les touches.

Les glissandos sont le plus souvent utilisés entre deux notes séparées d'une octave. (Mais vous pouvez glisser sur un intervalle de n'importe quelle taille.) A vous de jouer...

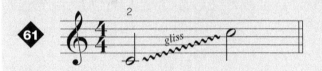

Testez votre glissando avec ce morceau...

62 Laissez Glisser !

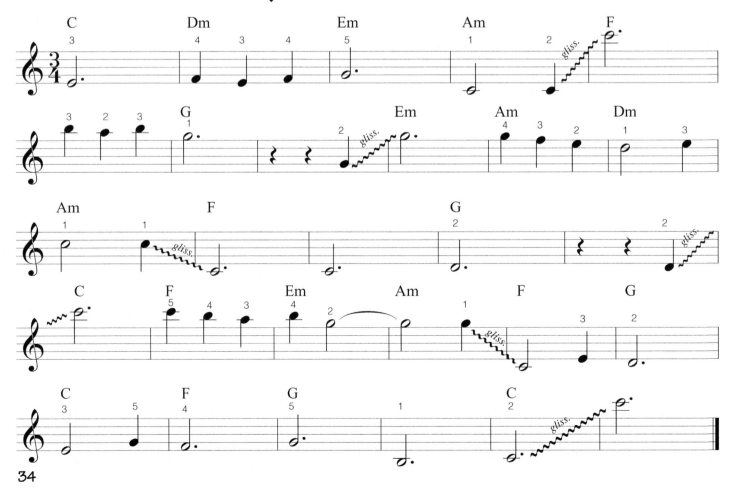

Arpégez !

Un accord peut être joué une note à la fois, du grave à l'aigu ou inversement. Jouez un C. Puis jouez les notes de l'accord l'une après l'autre :

On appelle cela un **arpège**. Vous pouvez jouer n'importe quel accord en arpège (servez-vous simplement des symboles d'accord comme guides) :

63 Découpez-les en Trois

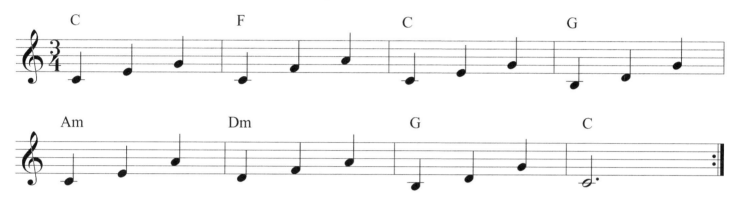

En mesure à 4/4, jouez les notes des accords en montant puis en descendant :

64 Découpez-les en Quatre

Arpégez un peu plus vite en utilisant des croches :

65 Découpez-les Plus Vite

C'est bien d'avoir le choix...

Jouez les arpèges de la main gauche pour faire un bel accompagnement. Placez simplement votre main en position pour l'accord et jouez chaque note de l'accord en montant et en descendant. Essayez de jouer ces accords en arpège :

C   F   G   B♭   Em   Am   Dm

N'oubliez pas cette option quand vous jouerez les chansons qui vont suivre...

LEÇON 10
Attention à la marche !

Vous connaissez toutes les lignes et tous les interlignes de la portée, ainsi que certaines lignes supplémentaires au-dessus ou au-dessous. Jouons toutes les touches blanches en montant sur deux octaves. (Vérifiez que vous utilisez bien le doigté correct !)

66 Dos à Dos...

Est-ce que vous réalisez ce que vous venez de jouer ? C'était là votre première **gamme** – Do majeur. Et une gamme de deux octaves avec ça !

Qu'est-ce qu'une gamme ?

Les gammes sont des suites de notes arrangées selon un schéma précis de tons et de demi-tons. La plupart des gammes possèdent huit notes qui s'étalent sur une octave. Celle que vous venez de jouer débutait sur un Do et utilisait un **schéma de gamme majeure**, il s'agissait donc de la **gamme de Do majeur**.

Voici deux autres gammes majeures (d'une octave). Notez les armatures...

67 Gamme de Sol Majeur

68 Gamme de Fa Majeur

Majeur contre mineur...

Tout comme avec les accords, les gammes mineures ne sont pas moins importantes que les gammes majeures. La différence réside dans la succession spécifique des tons et demi-tons qui a servi à construire la gamme. Jouez encore une fois ces gammes majeures (on attend, ne vous inquiétez pas)...

Choisissez un ordre...

Une **gamme majeure** se construit sur le modèle suivant :

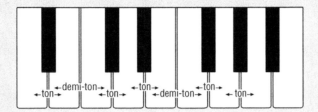

L'ordre des tons/demi-tons est légèrement différent pour une **gamme mineure** :

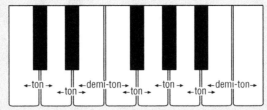

Vous pouvez construire des gammes majeures et mineures à partir de n'importe quelle touche simplement en vous basant sur ces modèles.

Voici trois gammes mineures (remarquez leurs armatures respectives)...

69 Gamme de La Mineur

70 Gamme de Mi Mineur

71 Gamme de Ré Mineur

Pourquoi s'embêter ?

 La connaissance des gammes vous permet de construire intervalles et accords pour accompagner votre mélodie.

 Faire des gammes aide à vous échauffer les doigts.

Vous avez le blues ?

La **gamme blues** est proche de la gamme mineure et se construit de la manière suivante (les nombres sont des fractions de ton) :

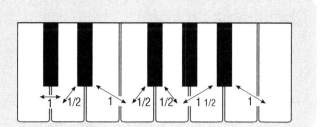

Essayez de jouer une gamme blues commençant par Do :

72 Gamme Blues en Do

Vous pouvez créer vos propres riffs de blues en suivant (en totalité ou en partie) l'ordre des tons ci-dessus...

73 Blues Lent

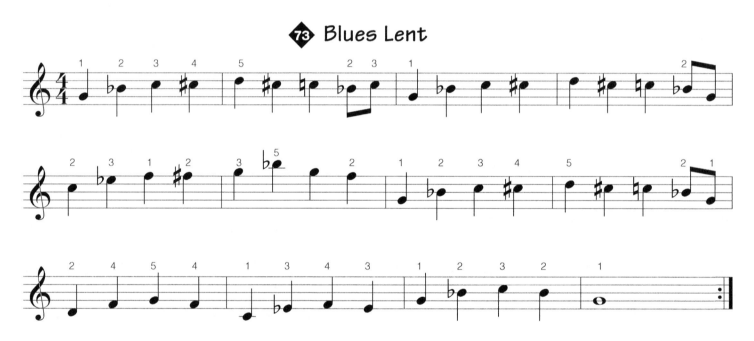

Un peu plus vite maintenant avec des croches...

74 Blues Rapide

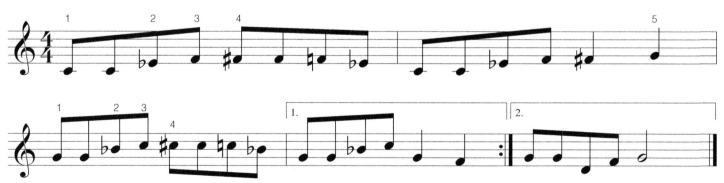

Imprimez l'ordre de ces tons dans votre mémoire ! Servez-vous en pour créer des gammes blues et des riffs dans d'autres tonalités.

LEÇON 11
Quelques notes supplémentaires...

Vous avez déjà vu deux lignes supplémentaires au-dessus de la portée. Ne négligeons pas le bas...

Nouvelles Notes : La et Sol Graves

Revenez en position de Do et écartez votre pouce vers la gauche jusqu'aux deux touches qui suivent le Si.

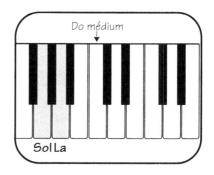

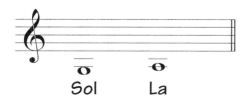

OPTIONS : N'allez chercher ces notes basses avec votre pouce que si elles apparaissent brièvement. Si la mélodie reste dans les basses pendant un moment, descendez simplement votre main droite en **position de Sol grave**.

Essayons de jouer ces nouvelles notes...

75 Scarborough Fair

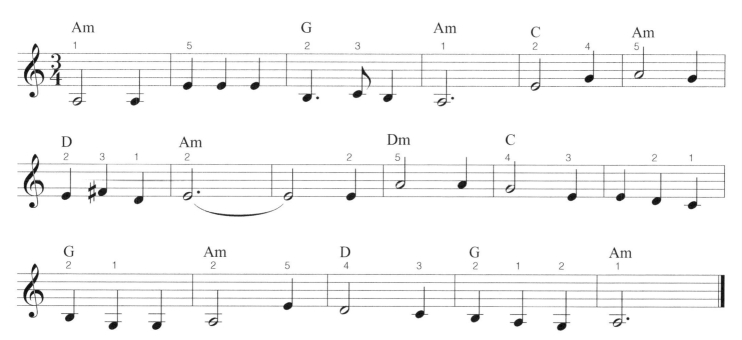

Il faut partager...

Vous remarquerez que vous avez déjà joué ces deux notes dans des accords avec votre main gauche. Si vous avez besoin de jouer une note déjà occupée par un doigt de la main gauche, soulevez simplement ce doigt et reposez-le quand la main droite aura laissé la place.

CONSEIL : Dans certains cas, il est plus rapide et plus facile de croiser votre doigt
3 par-dessus votre pouce pour jouer les notes graves Si, La et Sol.

76 Rock Yankee

77 Blues Enflammé

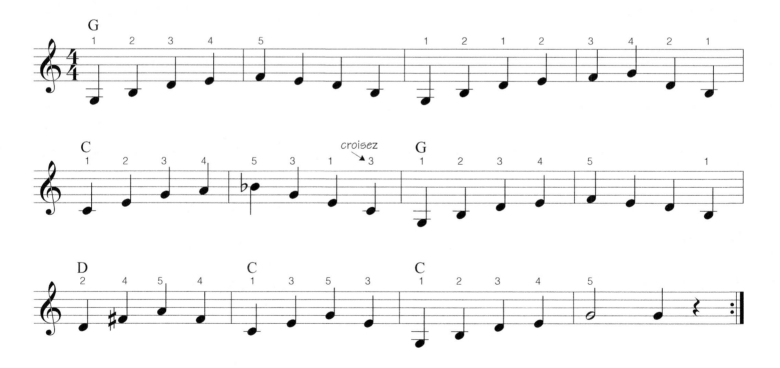

LEÇON 12
Un contretemps qui dure...

Enfin, permettez-nous de vous présenter l'un des concepts rythmiques les plus essentiels (et amusants) en musique...

La syncope (respirez profondément !)

La **syncope** consiste simplement à jouer des notes "à contretemps". Cela rend la musique moins prévisible (et plus efficace pour danser !). Ecoutez un exemple non-syncopé sur le audio :

Ecoutez maintenant le même exemple **syncopé**.

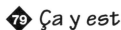

Le rythme est toujours là, mais "ça bouge" plus : le groove est renforcé.

A vous de jouer !

Essayez de jouer ces chansons avec les syncopes. Accentuez les notes soulignées par le signe "**>**" (la plupart ne tomberont pas sur un temps fort)...

80 Josué a Donné un Concert à Jéricho

81 St. James Infirmary

Super ! En voilà une autre avec des syncopes...

82 Tu as un Synthé dans les Mains

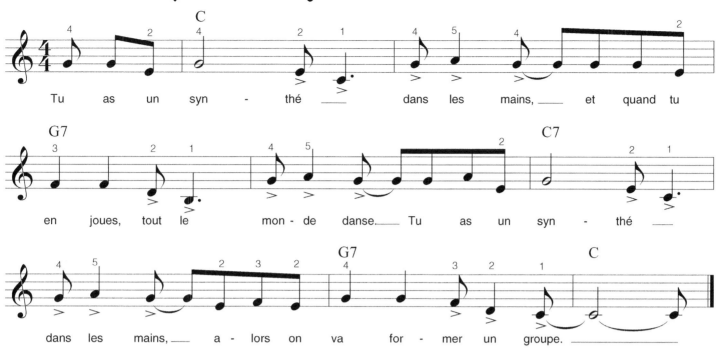

Tu as un syn - thé ___ dans les mains, ___ et quand tu en joues, tout le mon - de danse. ___ Tu as un syn - thé ___ dans les mains, ___ a - lors on va for - mer un groupe. ___

Vous pouvez également accentuer des accords "à contretemps" avec votre main gauche...

83 Accords Syncopés #3

84 Accords Syncopés #4

ATTENTION : Vous approchez de la fin du livre. Faites une pause, courez jusqu'au magasin de musique le plus proche et achetez **FastTrack™** **Keyboard Songbook 1** ! (Vous ne le regretterez pas.)

LEÇON 13
C'est l'heure de monter sur scène...

Ceci n'est pas vraiment une leçon... c'est une jam session !

Toutes les méthodes **FastTrack™** (Guitare, Clavier, Saxophone, Basse et Batterie) se terminent de la même manière afin que vous puissiez former un groupe avec vos amis. Vous pouvez également jouer seul en vous faisant accompagner par le audio.

Vous êtes prêt ? Alors que le groupe soit sur le audio ou dans votre garage, que le spectacle commence...

*N.C. = No Chord = ne jouez pas d'accord

*N.C. = No Chord = ne jouez pas d'accord

Billy B. Badd

*N.C. = No Chord = ne jouez pas d'accord

Bravo ! Encore !!

Continuez à vous entraîner régulièrement et gardez l'esprit ouvert. (Il y a toujours des choses à apprendre concernant votre instrument !)

ATTENDEZ ! NE PARTEZ PAS ENCORE !

Même si nous espérons que vous allez relire ce livre encore et encore, nous avons pensé que vous apprécieriez cette "antisèche" qui récapitule tous les accords que vous avez appris !

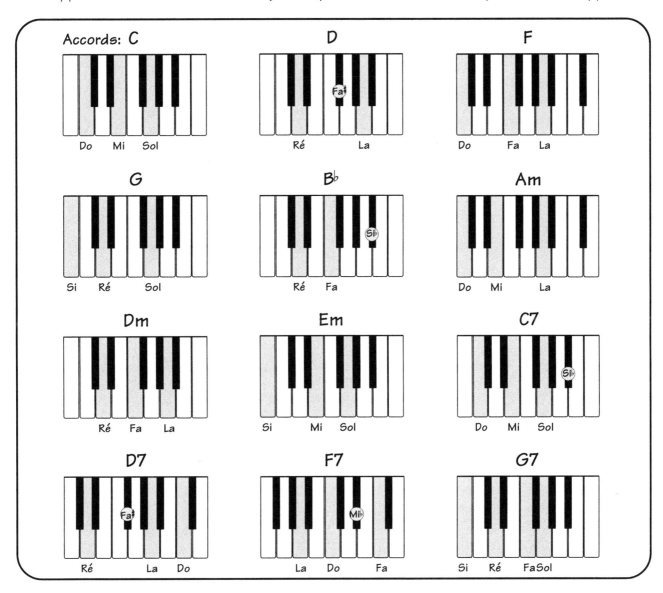

"Qu'est-ce que je fais maintenant ?"

Pour finir, quelques conseils pour vous aider à aller plus loin dans votre maîtrise du clavier :

 La répétition est le meilleur moyen d'apprendre. Reprenez les exercices de ce livre jusqu'à ce que vous soyez capable de jouer les notes et les accords sans réfléchir.

 Achetez FastTrack™ Accords et Gammes pour Clavier, une excellente référence pour découvrir l'essentiel de la théorie des accords, les gammes, les modes et les progressions d'accords les plus utilisés. (Avec un peu de chance vous pouvez le trouver dans le même magasin où vous avez acheté celui-ci.)

 Faites-vous plaisir. Que ce soit en répétition, en jam session, sur scène, ou même pendant que vous épousetez votre clavier, gardez le sourire. La vie est trop courte.

A bientôt...

INDEX DES CHANSONS

(...Un livre pourrait-il se terminer autrement ?)